ANA CAROLINA FALCONE GARCIA



# DESAMPARO PSÍQUICO

## Onde mora a inveja

contato@sattvaeditora.com.br
www.sattvaeditora.com.br

Editora: **Vivian Lerner**

Projeto gráfico, diagramação e capa: **Luiz Zonzini**

Revisão: **Ademir Barbosa Júnior**



**Dados Internacionais de Catalogação na Publicação (CIP)**
**(Câmara Brasileira do Livro, SP, Brasil)**

Garcia, Ana Carolina Falcone
Desamparo psíquico : onde mora a inveja / Ana Carolina Falcone Garcia. -- São Paulo : Sattva Editora, 2021.

Bibliografia
ISBN 978-65-86420-05-0

1. Psicologia junguiana I. Título.

21-76175 CDD-150

**Índices para catálogo sistemático:**

1. Psicologia 150

Aline Graziele Benitez - Bibliotecária - CRB-1/3129

ANA CAROLINA FALCONE GARCIA

# DESAMPARO PSÍQUICO

## Onde mora a inveja

SATTVA EDITORA

2021

Ao meu querido Beto,
companheiro de jornada.

Aos meus filhos Henrique e Guilherme,
gerados nesse percurso.

*Existe uma forma de ser*
*que se esconde nas dobras da alma. [...]*
*A inveja é um pecado envergonhado.*

*(Karnal, 2014b, p.67).*

*Deus me proteja da sua inveja*
*Deus me defenda da sua macumba*
*Deus me salve da sua praga*
*Deus me ajude da sua raiva*

*(Rita Lee, Reza).*

# SUMÁRIO


***Prefácio***
*Dulce Helena Rizzardo Briza* ........ 9

***Introdução*** ........ 11

***1***
***Arquétipo do Feminino*** ........ 17
***Complexo*** ........ 26

***2***
***Vazio*** ........ 33

***3***
***Inveja*** ........ 39
***Conceitos gerais: o olho invejoso e a Literatura*** ........ 39
***Inveja: uma breve revisão*** ........ 47

***4***
***Compreensão Simbólica:***
***a Inveja e o Complexo Materno*** ........ 63

***5***
***Integração da inveja: é possível? Reflexões*** ........ 75

***Referências Bibliográficas*** ........ 83

# PREFÁCIO

Este livro, escrito com cuidado e seriedade, num movimento de circumambulatio, nos faz refletir sobre a inveja e sua ambiguidade, apresentando esse arquétipo como um caminho para nos tornarmos mais íntegros. Demonstra que esse sentimento nos faz adquirir comportamentos que muitas vezes revelam o que acontece nas mais profundas camadas de nossa alma.

Experiências dolorosas, no lugar de nos sufocar e mutilar, podem gerar energia para a transformação e para a vida, ampliando, assim, nossas possibilidades. Poderemos, portanto, conectar-nos com regiões mais sábias e mais profundas, tendo confiança de que o sofrimento pode nos metamorfosear em seres melhores. Com amor, cuidado e paciência, vidas podem ser enriquecidas, feridas podem ser curadas.

Assim, para que o indivíduo se desenvolva de maneira saudável, é importante que entre em contato com seu lado mais sombrio e transforme, o que a princípio possa parecer estranho ao seu caráter, em fonte de luz para seu desenvolvimento. Precisamos de honestidade, atenção, amor e fé para traçarmos nossos caminhos, lembrando que a mediocridade não contribui para o crescimento e para ouvirmos a verdadeira chamada do destino.

O homem, buscando sua alma, será chamado para uma jornada, num movimento alquímico de sua psique, para a vivência de um mundo que clama por harmonia entre a vida interior e a exterior. Perceberá que aquilo que nos perturba e assusta poderá revelar-se necessário e benéfico.

Trata-se de nossa redenção diante daquilo que nos envergonha, magoa, aflige e amedronta. E é esta a proposta da autora: um convite para ativarmos nosso potencial criativo, desativando, portanto, o polo negativo do arquétipo, constelado no complexo materno. Assim, em vez de nos causar cegueira, culpa e sentimento de inferioridade, pode nos iluminar quando caminhamos por sombrios horizontes que nos causariam paralisia e desamparo.

A inveja, bem trabalhada, constelará em movimento de transformação e enriquecimento da personalidade contando com o auxílio da intuição criativa.

Ana Carolina Falcone Garcia destaca, com propriedade, o aspecto positivo da polaridade do arquétipo da inveja, que possibilitará nosso percurso neste longo e tortuoso caminho de nos tornarmos aquilo que realmente somos.

*São Paulo, 7 de junho de 2021*

**Dulce Helena Rizzardo Briza**

# INTRODUÇÃO

A inveja é muito descrita na literatura, nas artes, na música; é sentida em todos os espaços sociais, nos relacionamentos interpessoais mas, no dia a dia da vida, poucos se atrevem a assumir abertamente esse sentimento. Martinho da Vila (1988) canta: "Cuidado com a inveja, Ela ainda te mata [...] A raiva só faz mal pra quem tá com raiva, Teu olho grande pode te cegar." E Arnaldo Antunes (2009) completa: "Invejoso, Querer o que é dos outros é o seu gozo." As letras das músicas populares, entre tantas outras que encontrei, permitem apreender a relação das pessoas com a inveja de maneira mais direta.

Na literatura, são muitas as obras que focalizam o tema, dentre elas as de Shakespeare, analisadas pelo conceituado filósofo e crítico literário francês Girard. No livro Shakespeare: teatro da inveja (GIRARD, 2010), desenvolve conceitos de sua teoria mimética destacando a centralidade dessa emoção nos escritos daquele autor. Discorre sobre o desejo mimético, entre o sujeito e o objeto desejado e aponta para a necessidade de um mediador, que representa um modelo e norteia o olhar do outro. Afirma: "ao imitar o meu modelo, terminarei por desejar os objetos que ele possui e farei o possível para deles me assenhorear" (p.18). A teoria mimética, sinteticamente, diz sobre o desejo de copiar, de reproduzir o outro. Shakespeare, segundo Girard (2010), em toda a sua obra, usou intensamente do desejo mimético, mas sem "alardear", o que propiciou o seu encontro com a natureza humana em sua essência. Utilizou-o em seus enredos, como eixo fundamentador de seus personagens. Consideramos que a designação de desejo mimético dada por Girard é uma maneira de se falar dessa questão sem o estigma que a palavra inveja carrega.

Karnal (2014), ao explanar sobre o pecado envergonhado, salienta: "o invejoso tem uma dor profunda, que é o limite de sua capacidade, ou do que ele imagina que seja a sua capacidade" (p.68).

Nas artes, percebemos relações trágicas instigadas por vaidade e na disputa de espaço pelo reconhecimento, provocadas por esse sentimento. Em todos os campos da atividade humana, é possível encontrar manifestações de inveja, embora esta seja fortemente negada. Este estudo decorre, em parte, da necessidade de compreender essa ambiguidade.

Para além dessas reflexões preliminares, é preciso esclarecer que o caminho que me fez chegar aqui e refletir sobre essa temática, passa necessariamente por questões pessoais. Sempre me considerei distante da inveja, do ponto de vista do pecado capital, de seu aspecto destrutivo, do ressentimento em não ter o que outro possui ou em não ser o que o outro é. Sendo assim, acreditava estar imune a essa emoção. Ingenuidade!

Por muito tempo transitei por ela, inconsciente de sua ação em mim e também no outro, pois apenas a via como a possibilidade destrutiva, apresentada pela concepção do Cristianismo.

Talvez minha aproximação ao tema tenha se dado a partir da fala de uma terapeuta que dizia: "você não consegue ver a quantidade cheia de seu copo, apenas olha a parte que está faltando!". Entendia essa colocação como reflexo de meu desejo por conhecimento e aprimoramento. Mas, com o tempo percebi que isso também era uma forma de inveja, em que predomina a visão exteriorizada no dito popular que afirma ser *a grama do vizinho sempre mais verde*. Estar inconsciente da dinâmica da inveja pode fazer com que aspectos sombrios prevaleçam e neutralizem as possibilidades de transformação.

Pensar sobre esse tema como uma emoção possível, no sentido de não a ver apenas em seu aspecto negativo e destrutivo, é considerá-la também em sua capacidade de transformação psíquica. Isso é pensar, como nos coloca Barcellos (2012), que a emoção pode tanto nos aprisionar como nos libertar, contrapondo-se à ideia de que a inveja é uma emoção exclusivamente aprisionadora.

Sem me dar conta, o tema proposto foi se infiltrando em minhas relações e no consultório. De forma intuitiva, também acabei assistindo aos filmes *Branca de Neve e o caçador* e *Espelho, espelho meu*, em que a inveja aparece como temática central. O tema foi se estruturando. Era preciso entendê-la a partir da visão do Feminino. Esses contos despertaram meu olhar para a inveja, que foi captado nas histórias de vida trazidas à minha clínica. Relatos confidenciados me trilharam pelo caminho não óbvio e tão conhecido de seu aspecto destrutivo e sombrio. A inveja, por outra perspectiva, se apresentava a mim na tentativa de compreendê-la a partir de sua dinâmica. Buscava saber quando ela aparecia na vida de uma pessoa, de que forma ela se apresentava? Quando esse aspecto sombrio tomava conta da psique de uma pessoa? Como poderia ser transformado?

A partir dessas perguntas, iniciei o processo de enfrentar essa temática, em toda a sua aridez. Aridez porque, de fato, é um assunto denso, e pouco estudado. É rara a abordagem da inveja como caminho para a transformação!

E nessa busca, deparei-me com uma poesia que me trouxe uma aproximação ao tema:

**MAL SECRETO**

Se a cólera que espuma, a dor que mora
N'alma, e destrói cada ilusão que nasce,
Tudo o que punge, tudo o que devora
O coração, no rosto se estampasse;
Se se pudesse o espírito que chora
Ver através da máscara da face,
Quanta gente, talvez, que inveja agora
Nos causa, então piedade nos causasse!
Quanta gente que ri, talvez, consigo
Guarda um atroz, recôndito inimigo,
Como invisível chaga cancerosa!
Quanta gente que ri, talvez existe,
Cuja ventura única consiste
Em parecer aos outros venturosa!
(Raimundo Correia)

A literatura consegue abordar o tema da inveja de forma mais profunda. Raimundo Correia nos apresenta a inveja por seu aspecto destrutivo, assemelhando-a a um câncer, que corrói internamente sem se mostrar presente; um mal invisível e indizível; secreto.

Assim também parece ser a busca pelo tema dentro da compreensão psíquica. Foi difícil encontrar literatura sobre o assunto. Talvez Byignton tenha sido o autor mais ousado em procurar abordar a inveja por um canal positivo, criativo. Minha indagação segue por um atalho desse caminho.

Transitei por Ventura, Epstein, Von-Franz, Carotenuto, Morrison e Lansky, Crusius e Mussweiler, Jacoby, Karnal, Kast, Byington e Lopez-Pedraza. Todas essas leituras foram me atualizando sobre dinâmicas possíveis da inveja. A revista Mente e Cérebro contribuiu com a mais recente pesquisa (originalmente estudada por JANKOWSKI, K; TAKAHASHI, H. 2014) sobre o mapeamento cerebral da inveja e de como isso poderia explicar outros sentimentos a ela relacionados.

A partir dessas reflexões preliminares e das leituras, inicio a abordagem do tema, enfocando a inveja sob o ponto de vista do Feminino e da Grande Mãe.

CAPÍTULO 1

# O ARQUÉTIPO DO FEMININO

Esta reflexão sobre a inveja transita também pelo arquétipo do Feminino e, para isso, apresento aspectos desse percurso.

A sociedade contemporânea reforçou e favoreceu o desenvolvimento da perspectiva masculina arquetípica, no que se refere à exaltação da razão e da objetividade, favorável a atuação na sociedade com dominação masculina e de orientação patriarcal, a proporcionar quase que uma negação das emoções e da subjetividade identificáveis com o arquétipo do Feminino. O princípio Feminino é um padrão universal, arquetípico e está presente tanto em homens como em mulheres. Ele pode predominar na mulher, mas não se restringe a ela; do mesmo modo, o princípio masculino também é universal, o que significa estar presente tanto em homens como em mulheres.

A valorização da referência masculina suscita uma realidade que dificulta a relação plena das pessoas consigo mesmas, pois tende a gerar a unilateralidade de atitudes: ou uma identificação com o princípio Feminino, ou uma identificação com o princípio Masculino. Na realidade, a inserção do ser humano (homens e mulheres) no mundo necessita tanto do acolhimento e da proteção quanto da razão, da lógica, do direcionamento.

Na linha de entendermos a dinâmica da inveja, procuramos ampliar o olhar a partir da arte. Em muitas das imagens que retratam a inveja, ela aparece representada em ilustrações que lembram figuras femininas.

**Fig. 1:**

a) Covarrubias b) Giotto

Por se tratar de uma dimensão emocional, consideramos que a inveja esteja relacionada, sob o prisma que aqui desejamos destacar, ao arquétipo do Feminino.

Para Jung, nossas experiências só podem ser reconhecidas através dos conteúdos conscientes e tais conteúdos existem tanto em nível pessoal, compondo os complexos de tonalidade afetiva, como em nível coletivo, constituindo os chamados arquétipos (Jung, 2002, p. 16, § 4).

A propósito, anota Jacobi (1957):

> [arquétipos são imagens originárias em que] Jung compreendia naquele tempo, todos os motivos oriundos da mitologia, das lendas e dos contos, capazes de expressar, num retrato vivo, os comportamentos comuns do

> homem, que sempre podemos encontrar de novo como motivos típicos pela sua essência e que ocorrem no mundo inteiro; esses "motivos", na história do homem se apresentam sob formas incontáveis, nas antigas imaginações dos povos primitivos, nas ideias religiosas de todos os povos e culturas e até mesmo nos sonhos, visões e fantasias dos indivíduos modernos (p. 39).

Jung (2002, §6) preleciona:

> o arquétipo representa essencialmente um conteúdo inconsciente, o qual se modifica através de sua conscientização e percepção, assumindo matizes que variam de acordo com a consciência individual na qual se manifesta.

Dessa forma, o arquétipo é capaz de ser ativado na psique a qualquer momento, uma vez que seu conteúdo pode ser atualizado no indivíduo a partir de experiências pessoais. Isso é que irá permitir a conscientização dele.

Neumann (2006) define a dinâmica do arquétipo como uma manifestação de processos energéticos que ocorrem no interior da psique. Segundo ele:

> O simbolismo do arquétipo é a maneira como ele se manifesta sob a forma de imagens psíquicas específicas, que são percebidas pela consciência e peculiares a cada arquétipo. Há que notar que os vários aspectos de um arquétipo aparecem também em imagens diferentes. Dessa forma, o aspecto assustador do arquétipo manifesta-se através de outras imagens que não correspondem às de seu aspecto vivificante e "bondoso" (p. 19).

Esse autor exemplifica que, quando um conteúdo arquetípico é reconhecido, ele acaba por impor-se à consciência, adquirindo a forma de uma imagem. Isso reforça a ideia de Jung de que o arquétipo em si não pode ser visualizado ou apreendido pela consciência. "(...) o arquétipo em si é um fenômeno nuclear que transcende a consciência, e cuja 'presença eterna' é não visível" (p. 21).

Como a consciência se desenvolve posteriormente, muito do que experienciamos na vida é assimilado primeiramente pelo inconsciente. Sendo assim, as imagens arquetípicas são as primeiras a se relacionar com o indivíduo, antes mesmo de sua relação com o ego e com conceitos (Neumman, 2006).

> O homem é, a princípio, mais uma parte do grupo a que pertence do que um indivíduo particular. Da mesma forma, ele não vivencia o mundo inicialmente a partir do que é percebido pela consciência, mas sim como o inconsciente o experimenta. Em outras palavras, ele percebe o mundo não através das funções da consciência, como um mundo objetivo, o qual pressupõe a separação entre sujeito e objeto, mas sim mitologicamente, em imagens arquetípicas, em símbolos que são uma expressão espontânea do inconsciente e que ajudarão a psique a se orientar no mundo e que, ainda, na qualidade de motivos mitológicos, irão configurar as mitologias de todos os povos (NEUMMAN, 2006, p. 28).

Neumman (2006), ao analisar as formas pelas quais o arquétipo se manifesta, afirma:

> O arquétipo pode se manifestar de forma "espontânea" ou se manter numa relação de compensação com a consciência da pessoa na qual ele surge. Quando um arquétipo se apresenta como expressão espontânea do inconsciente, ele age de maneira independente da situação psíquica do indivíduo e do grupo, como uma força autônoma que determina a situação real. (...) Isso significa que a manifestação arquetípica não é isolada; ao contrário, é determinada – devemos dizer para complementar o caso – pela constelação total do inconsciente coletivo (p.24).

O que Neumman sinaliza é que a manifestação do arquétipo não é uma escolha da consciência e a própria imagem arquetípica contém em si elementos ambivalentes, em uma polaridade positiva e outra negativa.

Nessa busca por referenciais do Feminino, encontra-se em Neumman (2006) estudo sobre o Feminino arquetípico, em que destaca seu caráter duplo, com aspectos de caráter elementar e de caráter de transformação. Em sua obra Grande Mãe (2006), o autor procura compreender e analisar a estrutura do arquétipo do Feminino e da Grande Mãe. A escolha desse autor deve-se ao fato de ele trabalhar essa diferenciação e esclarecer que a Grande Mãe é um aspecto parcial do Grande Feminino.

> A criança, por exemplo, vivencia em sua mãe, em primeiro lugar, o arquétipo da Grande Mãe, ou seja, a realidade de um Feminino numinoso e onipotente do qual essa criança é totalmente dependente e não a realidade objetiva da mãe pessoal – a mulher historicamente

individual – aquela que surgirá como figura da mãe para essa criança, quando mais tarde ela tiver desenvolvido o seu ego e a sua consciência (p. 28).

Ele distingue os dois aspectos caracterizando o caráter elementar como sendo mais materno e infantil e relacionado mais ao domínio do inconsciente, enquanto, no caráter de transformação, está presente o aspecto dinâmico da psique, que coloca em movimento algo já existente e promove uma modificação (p. 37/38).

> Psicologicamente, isto significa que, quando predomina o caráter elementar, todos os processos de transformação ainda ocorrem no interior do inconsciente e que, mesmo tendo se iniciado a formação de uma consciência e de uma qualidade de ego, estes têm uma existência própria muito curta, tornando a se dissolver no inconsciente. Todavia, na medida em que a personalidade se diferencia e emerge da inconsciência pura, o caráter de transformação também se torna independente e é vivenciado como tal, o caráter de transformação atua de maneira a impelir ao desenvolvimento, ou seja, gera movimento e inquietação. Por isso, ele não será vivenciado pela consciência como estritamente positivo, assim como o caráter elementar não o será como apenas negativo. Ambos os tipos de caráter são portadores da ambivalência que é típica do Grande Feminino e da Grande Mãe e que, além disso, é uma característica original de todo arquétipo (NEUMANN, 2006, p.39/ 40).

Com isso, podemos considerar como:

> funções básicas do Feminino – a quem cabe nutrir, dar calor, proteger, amparar, sem mencionar as funções do dar vida e do parir [...]. O Feminino parece ter essa "grandeza" porque aquilo que é contido, protegido e nutrido, que recebe calor e amparo, é sempre o pequenino, o desamparado e o dependente, completamente à mercê do Grande Feminino (NEUMANN, 2006, p. 49).

Ao tomar a definição de arquétipo, o Feminino contém aspectos opostos em si, não apenas as referências de acolher, alimentar, amparar, dar, oferecer, mas também as correlações opostas como o desamparo, desproteção, fome, vazio.

As referências do Feminino não são apenas negativas, se relacionadas ao caráter elementar, e nem somente positivas, se relacionadas ao caráter transformação. Os símbolos de cada elemento do Feminino: terra, caverna, vaso, podem representar aspectos de ambos os elementos.

> [...] o caráter vaso do Grande Feminino não somente protege o nascituro no caso do corpo, e o já nascituro no vaso do mundo; ele também toma aquele que morreu de volta para si, no vaso da morte, na caverna ou no esquife, no túmulo e na urna (NEUMANN, 2006, p. 50).

Alguns aspectos simbólicos do Feminino elementar estão relacionados ao aspecto de proteção e ficam associados ao símbolo do vaso. Contudo, como colocamos acima, nem todos os símbolos relacionados ao vaso são de caráter elementar. O forno e a retorta estão associados ao vaso, mas relativos ao aspecto de transformação. Estão a isso relacionados pois contêm em si a sugestão do que ocorre dentro e que sugere transformação. Como Neumann (2006) ressalta, mesmo quando se apresentam os símbolos de caráter de transformação, eles ainda mantêm correlação com aspectos do caráter elementar do Feminino.

Tanto o arquétipo do Feminino quanto o da Grande Mãe são muito profundos no que se refere ao inconsciente.

**Fig. 2: Senhora do Ó ou da Expectação**
Imagem do séc. XIV. Museu de Arte Antiga, Lisboa.

Segundo esse autor, na psique há três camadas, descritas como o Inconsciente, a Consciência e o Mundo. O Plano Inconsciente é dividido em cinco níveis: Arquétipo em si, o Urobórico, o Grande Feminino, a Grande Mãe e o quinto nível, entre o Mundo e a Consciência, mas ainda relacionado ao Inconsciente (apenas destacaremos superficialmente alguns aspectos para permitir a compreensão). No estágio Urobórico, o ego da criança vivencia uma série de experiências positivas e negativas como proteção feminina maternal, agressão, força devoradora feminina e também forças que protegem seu ego. No Grande Feminino, há aspectos do uroboros maternal e da Grande Mãe urobórica em que há elementos do Feminino tanto positivos quanto negativos, que ainda não são perceptíveis ao ego. Então, na Grande Mãe:

> Uma forma configurada da "Grande Mãe" destaca-se do arquétipo primordial, e nela torna-se visível uma organização dos elementos. Ela assume três formas: a Mãe Bondosa, a Mãe Terrível e a Mãe Bondosa Má (NEUMANN, 2006, p.33).

Com base nessa compreensão, no quinto nível, o ego já consegue vivenciar constelações arquetípicas na forma de projeções psíquicas, direta ou indiretamente. Segundo Neumann, é possível fazer a distinção dessas formas quando o ego vivencia diretamente a constelação arquetípica no plano interior da projeção, que pode ser visto nas experiências dos sonhos ou fantasias. E quando vivencia indiretamente o conteúdo arquetípico, esse é projetado no mundo exterior, e pode ser representado na figura de um demônio que dá vida a uma árvore, por exemplo.

Há um sexto nível, referente ao mundo como aquele plano externo de projeção, em que as imagens internas são vivenciadas de forma projetada. Nesse plano, muitas vezes os artistas elaboram suas questões através da expressão gráfica de suas projeções.

Após esse breve resumo sobre referenciais do Feminino arquetípico, destacamos que ao arquétipo materno são atribuídos os símbolos referentes ao "maternal": o cuidar, o sustentar, o que representa a fertilidade e o alimento, o oculto, o devorador e o sedutor.

Quando um arquétipo é ativado na psique, isso se faz através de uma experiência pessoal. O aspecto pessoal que nos permite essa relação é o complexo.

Segundo Barcellos (2012), "com a emoção, Jung 'descobriu' os complexos". Um complexo é uma entidade constitutiva da psique caracterizada fundamentalmente por um "tom emocional" (p. 37).

## COMPLEXO

Como já desenvolvemos este conceito em outro trabalho (GARCIA, 2006), onde abordamos o tema da relação pai e filha e suas interferências no processo de desenvolvimento da mulher, destacamos, a seguir, alguns dos aspectos relativos ao conceito de complexo proposto por Jung.

Foi Jung quem criou o termo complexo, introduzindo pela primeira vez a noção de "complexo de acento emocional", para tratar dos fenômenos que, posteriormente, chamou simplesmente de complexos (Jacobi, 1957). Essa descoberta se deve ao experimento de associação de palavras desenvolvido por Jung, quando iniciava sua carreira como psiquiatra. Sua observação dizia respeito à existência de núcleos associativos de conteúdo, com alta carga emocional, que, acionados, produziam uma perturbação na consciência. Assim, as perturbações eram os indicativos da existência do complexo.

Quando atualizados, isto é, quando entram em ação na psique do indivíduo, os complexos tornam-se capazes de fazer até oposição ao ego consciente, comportando-se como um estranho.

Para Jung (1988, §179, p.75), "o complexo é que nos tem". Essa sua conhecida frase refere-se à autonomia que eles possuem em nossa psique. Sendo assim, a compreensão puramente racional do conceito é ineficaz, porque não promoverá a transformação psíquica. Contudo, também nos complexos, estão as possibilidades de transformação, uma vez que são compostos por temas da vida e que permitem o contato com a psique através da emoção que é gerada e da sua expressão através dos símbolos (KAST, 2013, p. 42).

Existem várias maneiras de o indivíduo reagir diante de um complexo. Jacobi (1957) afirma haver quatro possibilidades de comportamento diante dele: a total inconsciência, a identificação, a projeção ou a confrontação, sendo que esta é a única que pode levá-lo à sua dissolução. Então, quando localizamos um complexo, na verdade, estamos localizando a existência de um conflito não assimilado pela consciência.

> Ter complexo [...] quer dizer apenas que existe algo incompatível, não assimilado, conflitante ou talvez algum impedimento, mas também um estímulo para esforços maiores e, dessa forma, talvez até uma nova oportunidade para o sucesso (JACOBI, 1957, p.29).

Consideramos que a assimilação do complexo não ocorre de forma simples, dado que a conscientização não é total, uma vez que se torna consciente, na verdade, é apenas uma parte dele que estava constelada. Assim sendo, haverá partes inconscientes no processo de assimilação do complexo.

Uma das maneiras que temos para nos relacionarmos com o complexo é por meio da projeção. A projeção, na visão de Jung, não é apenas vista como um mecanismo de defesa, mas o caminho pelo qual o complexo pode chegar à consciência.

Whitmont (1994, p.54) acrescenta que a maneira como Jung faz uso do termo não é vista como uma manobra do ego deliberadamente defensiva, mas como um estado original que permite que um complexo inconsciente possa chegar à consciência. Para que a projeção aconteça, ela precisa de um "gancho" onde se "pendurar". Isso quer dizer que os conteúdos projetados são "colocados" no outro, o qual, por sua vez, precisa, também, de algo que permita essa projeção ocorrer. "O portador da projeção e o conteúdo projetado devem, é evidente, ter uma correspondência intrínseca"

(Whitmont, 1994, p.57).

O que caracteriza a presença de um conteúdo projetado é a carga emocional que se apresenta em uma determinada situação. "A experiência mostra que o portador da projeção não é um objeto qualquer, mas sempre se ajusta à natureza do conteúdo a ser projetado, isto é, oferece "gancho" adequado à coisa a ser pendurada" (Jung, 1988, § 499, p.276).

Percebemos muitas vezes a ação projetiva de emoções na dinâmica mãe-filho (a), por exemplo. Observa-se, por exemplo, que muitas mulheres tiveram seu percurso de vida alterados por uma separação ou morte, ou traição e acabaram deixando de viver seus próprios sonhos e vida para viver em função dos (das) filhos (as). Na vida adulta dos (das) filhos (as) acabam por invejar o caminho que estes seguem e não conseguem validar as novas conquistas deles (as), como se não suportassem a consciência de que deixaram de viver seus próprios sonhos. Não validam nos (nas) filhos (as) o que não validaram em si mesmas.

Existe uma dinâmica psíquica que descreve o que acontece quando um complexo é ativado. Nas palavras de Stein (2001):

> Na regressão, por outro lado, o fluxo de energia reingressa no sistema psíquico e fica inacessível para a adaptação. Quando as polaridades se fragmentam, desenvolve-se uma espécie severa de ambivalência que paralisa a vida. [...] Quando a energia não é consumida num processo de adaptação ao mundo nem está se movimentando de forma progressiva, ela ativa os

> complexos e eleva o potencial energético destes no mesmo grau em que o ego perde energia ao seu dispor. [...] A energia não desaparece do sistema; antes, ela desaparece da consciência. E isso resulta, tipicamente, em estados de depressão, conflito interior, ambivalência incapacitadora, incerteza, dúvida, questionamento e perda de motivação (p.76/77).

Quando um complexo é ativado, a energia psíquica flui para o inconsciente, que o carrega ainda mais energeticamente. Ao tomarmos consciência da ação e da presença de um complexo, sua ação na psique se torna menos autônoma e sua carga energética fica menos intensa.

Segundo Kast (2013) é a intensidade das emoções que diz sobre a intensidade do complexo que está atuando.

> [...] sentimo-nos inibidos, entregues a um acontecimento interior sobre o qual não conseguimos mais ter nenhuma influência. Habitualmente, tal constelação de complexo termina em sentimento de vergonha, porque caímos num ponto aquém de nossas possibilidades de controle e nos revelamos menos autônomos do que pensávamos ser (p. 46-47).

Assim, a saída para se resolver essa relação com os complexos, segundo Kast (1997), está na percepção de si mesmo e na percepção das polaridades do complexo. A partir dessa conscientização, a busca pelo próprio caminho se faz pelo constante questionamento das atitudes habituais, que são comuns na manifestação de nossos complexos.

Consideramos que os complexos são determinados centros de energia inconscientes que estão relacionados a vivências com alta carga emocional, presentes na psique de todos os indivíduos.

Quando uma experiência pessoal ativa um arquétipo, uma das polaridades é constelada. Demos destaque aqui para o arquétipo materno cujos símbolos referem-se ao "maternal": o cuidar, sustentar, o que representa a fertilidade, o alimento, o oculto, o devorador, o sedutor e o que as experiências pessoais a ele associadas comporão o complexo materno.

Diante de um aspecto do complexo materno ativado, entendemos, o amparo/desamparo, preenchimento/vazio, ativam, na psique, reações intensas de emoções e promovem a necessidade de ação pertinente ao aspecto ativado: se acionam o desamparo e o vazio, há a necessidade de uma busca de preenchimento e amparo, por exemplo.

CAPÍTULO 2

# VAZIO

Em nossa reflexão sobre a emoção da inveja e dentro da perspectiva que adotamos, nos propomos a pensar sobre o vazio. Em nosso idioma, em português, vazio significa desprovido de conteúdo; em matemática, diz-se de um conjunto que não contém elemento algum; em sentido figurado, refere-se ao sentimento angustiante produzido pela saudade, privação ou ausência.

Quando procuramos os sinônimos, encontramos oco, lacuna, vácuo. E se olharmos para os antônimos, temos cheio, apinhado, repleto, sólido, ocupado. Pensar o vazio nesse contexto envolve pensar sobre aquilo que deve ser preenchido? O que está esvaziado?

A vida moderna está totalmente ocupada por afazeres, trabalho – cada vez mais intensificado, precário e incerto – comida, produção e consumo de bens materiais, produção e uso de aparelhos eletrônicos, desenvolvimento de novas tecnologias, entre tantos outros. Percebe-se a falta de espaço para sentimentos, para o tempo livre, para a contemplação. A vida está ocupada mas, em contrapartida, predomina nas pessoas o sentimento de vazio.

O sociólogo contemporâneo Zygmunt Bauman (2007), ao analisar as ambiguidades da sociedade atual, procura compreendê-la fazendo uso de algumas metáforas. Inicialmente, a começar pela do sólido e do líquido, como base para expor a sua compreensão sobre a sociedade neste momento de globalização.

Denomina-a a sociedade da modernidade líquida. Afirma estarmos vivendo num período que se caracteriza pela transitoriedade e fluidez das estruturas, dos produtos, do consumo, dos padrões de conduta, dos valores, conhecimentos e relacionamentos. Destaca que os fluidos não possuem forma fixa e nem se fixam no espaço e no tempo. Enfatiza que os fluidos se movem com facilidade e inundam, vazam, não são contidos com facilidade, invadem espaços para além dos obstáculos.

Essa fluidez das normas e das relações, por outro lado, altera a configuração das referências, podendo concorrer, também, para instalar um estado de vazio. Segundo Bauman (2007, p. 14), a sociedade tem como valor de referência o consumo: "vivem para sobreviver (tanto quanto possível) e para obter satisfação (o máximo possível) [...] o mundo [...] não deixa espaço para inquietações sobre qualquer coisa senão o que pode ser, ao menos em princípio, consumido e saboreado instantaneamente, aqui e agora." Isso nos faz pensar que a sociedade atual e suas relações assumem formas de relação invasivas, fluidas, sem um continente claro. Para o referido sociólogo polonês (2007):

> A vida líquida é uma vida precária, vivida em condições de incerteza constante. As preocupações mais intensas e obstinadas que assombram esse tipo de vida são os temores de ser pego tirando uma soneca, não conseguir acompanhar a rapidez dos eventos, ficar para trás, deixar passar as datas de vencimento, ficar sobrecarregado de bens agora indesejáveis, perder o momento que pede mudança e mudar de rumo antes de tomar um caminho sem volta (p.8).

Destaca ainda que nessa sociedade se vive para sobreviver e para obter satisfação e com isso não há espaço para ponderação de valores e outras inquietações.

> A vida líquida é uma vida de consumo. Projeta o mundo e todos os seus fragmentos animados e inanimados como objetos de consumo, ou seja, objetos que perdem a utilidade (e, portanto, o viço, a atração, o poder de sedução e o valor) enquanto são usados (BAUMAN, 2007, p. 17).

A sociedade de consumo reforça a insatisfação presente no vazio que se busca preencher. A lógica do consumo penetra no subjetivo e extrapola para as relações pessoais, para o campo afetivo, dos sentimentos.

Jung (2014), em 1959, sobre os sentimentos naquela época, dizia:

> A grande infelicidade de nossa cultura é de fato sermos estranhamente incapazes de perceber os nossos próprios sentimentos, quer dizer, sentir as coisas que nos dizem respeito. Vemos com tanta frequência pessoas passarem por cima de acontecimentos ou experiências sem perceberem o que de fato ocorreu com elas (p.10).

Para o referido analista, as pessoas estavam (e ainda estão) desconectadas dos sentimentos, fato que dificulta muito mais o reconhecimento e as possibilidades de mudança. Nessa mesma linha, Kast (2016) enfatiza a necessidade de diferenciar e identificar nossas emoções para traduzi-las em sentimentos, o que auxilia a lidar conosco e com os outros, na vida, pois a vida pede lugar para os sentimentos conscientizados.

Kast (2016) realça que a nossa percepção de identidade ocorre a partir de nosso corpo e da maneira como nos relacionamos com ele.

> O corpo é o lugar em que nos conscientizamos do nosso bem-estar e em que também nos expressamos. O corpo é o lugar onde as emoções se tornam acessíveis à experiência, o corpo é o lugar das nossas alegrias e dos nossos sofrimentos, da nossa dor, do nosso envelhecimento, da nossa morte futura (p. 72-73).

Diante desse olhar, destaca que a busca pela alma perde lugar para a necessidade de perfeição do corpo que acaba por se configurar como local de manifestação da identidade. A autora critica essa visão com o argumento de que a identidade também necessita da dimensão da experiência, da percepção interior e da retomada do olhar para "dentro", em uma sociedade tão movida para a visibilidade. Em suas palavras: "caso contrário, passo a ser como os outros me veem. Nesse caso, preciso ser vistoso e permanecer vistoso – ou eu perco meu direito de existência" (2016, p.75). O corpo é grande orientador dos sentimentos pois, através da manifestação corporal, os sentimentos ganham a possibilidade de serem mais bem compreendidos e conscientizados.

Na procura por entender a modernidade atual, Kast (2016) destaca a sensação de falta de tempo, juntamente com a "economização" e a dificuldade de percepção entre mundo interno e externo, que nos leva a viver referenciados por aquilo que está na moda. Han (2017) nos aponta reflexões sobre nosso tempo, inclui a quantidade de informações que buscamos e convivemos como também um aspecto a ser reconsiderado. Destaca que nem sempre a maior quantidade de informações nos leva a melhores decisões. "A sociedade da transparência não tolera *lapsos visuais*, mas o pensamento e a inspiração necessitam de um vazio" (HAN, 2017, p.17). Esse aspecto reforça que o tempo é imprescindível na vida, tanto para nomearmos um sentimento quanto para nos percebermos como pessoas. Com base na visão de Kast, acreditamos que a sociedade precisa se apropriar do que está acontecendo em suas raízes para resgatar o diálogo entre os mundos interior e exterior. Esse diálogo consciente é que pode permitir o que a autora chama de ressonância, esse espelhamento que vemos acontecer na relação com o outro e que nos permite ver diversas possibilidades na vida, a partir de experiências de vida e do exercício da percepção de nossos desejos, muitas vezes inconscientes e projetados.

Se considerarmos essas reflexões acima, podemos pensar que o mundo atual está pautado em valores e referências que favorecem o sentimento de esvaziamento. Há uma busca incessante para preencher o vazio e muitas vezes é confundido com o consumo de bens materiais ou até culturais.

Nessa linha de pensamento, entendemos que a configuração atual do mundo e das relações pode favorecer que alguns sentimentos possam ser vivenciados mais intensamente, principalmente no que se refere a essa ideia de esvaziamento, um vazio simbolicamente representativo da ausência de amparo e de incapacidade de acolhimento.

Pensamos que uma das formas de se relacionar com o outro e tomar consciência dos sentimentos gerados por esse novo tempo seja através da inveja.

CAPÍTULO 3

# A INVEJA

*O carro do vizinho é muito mais possante*
*E aquela mulher dele é tão interessante*
*Por isso ele parece muito mais potente*
*Sua casa foi pintada recentemente*

*[...]*

*Invejoso*
*Querer o que é dos outros é o seu gozo*
*E fica remoendo até o osso*
*Mas sua fruta só lhe dá caroço*

*(ANTUNES, 2009, INVEJOSO).*

## CONCEITOS GERAIS: O OLHO INVEJOSO E A LITERATURA

Como coloquei anteriormente, a arte aborda o tema da inveja de forma mais clara e permite que possamos acessá-la em sua maior profundidade. A música acima, de Arnaldo Antunes, apresenta uma abordagem que considero mais divertida da inveja, nos permitindo pelo menos nos aproximarmos do tema. A letra nos conduz à reflexão em tempos de consumo, mas a música é de um balanço que torna o tema mais leve. Iniciei este capítulo com essa música contrastando o primeiro poema de Raimundo Correia, que aborda a inveja em seu aspecto mais destrutivo. Queria então deixar essas duas formas de apresentação da inveja como uma degustação do que iremos discorrer na sequência. Será a inveja um canal destrutivo e vergonhoso de se olhar? Teria outra forma de entrar em contato com ela sem gerar vergonha? A que ela serve?

A inveja, que definiremos adiante, é uma emoção considerada sombria e pouco valorizada. Segundo Lopez-Pedraza (2010), o mundo das emoções é irracional e podemos nos aproximar dele através do sentir. É por esse percurso que tentaremos uma aproximação ao tema: através do sentir, da emoção e não da razão.

A inveja deriva do latim *invidia*, através do radical *ved*, *vedere*. O não ver, não ver em si o que o outro possui. Já em grego, refere-se ao olhar enviesado. Tanto em latim quanto em grego, a inveja está associada a enxergar, seja o que o outro possui, seja a si mesmo. Seu significado costuma ser lembrado como um desgosto ou pesar pelo bem ou felicidade do outro; desejo violento de possuir o objeto alheio (HOUAISS, 2009). No geral, a inveja está sempre associada a sentimentos e expressões negativas do ser humano, fato que talvez responda à atitude de as pessoas se habituarem a esconder esse sentimento. Podemos pensar a inveja também através das imagens que ela suscita em nós. No mundo atual, redes sociais abrem janelas de acesso a diversas oportunidades de consumo, de relações, de espaços de conhecimento. Instigam o olhar para o outro, para o mundo de fora, como sempre uma alternativa melhor. O universo que ali adentramos permite acessar cenários e possibilidades que nem sempre conhecemos em nosso meio relacional. Abrir o *Facebook* ou o *Instagram* nos permite entrar em contato com um universo de belezuras que nem sempre é real, mas que nos tenta e parece tangível. Esse novo espaço leva ao desejo de espiar, notar, olhar. Nossos olhos nos guiam para novos mundos.

O famoso quadro de Giotto, A Inveja, que retrata uma mulher com a cabeça envolvida por uma cobra, que salta em direção aos olhos, em pé sobre labaredas de fogo, suscita a ideia do envenenamento provocado pela inveja, que cega e do fogo que queima o corpo. O sentimento de cegueira e de ardor interno são bem representados.

**Fig. 3: A Inveja**
Giotto

Segundo Karnal (2014a) "toda inveja vem pelos olhos" e eles é que serão costurados no purgatório. Toda inveja vem pelo olhar, que só enxerga aquilo que o outro possui, e o deseja para si. Minha dor existe pelo sucesso alheio.

O invejoso está sempre se avaliando com foco na parte do copo que ainda falta, segundo sua própria comparação com os demais. É a experiência de sempre ver o que lhe falta a partir das conquistas do outro.

De acordo com Epstein (2004, p. 19), "a inveja é, acima de tudo, uma emoção oculta, tão oculta que, com frequência, sequer temos consciência de que ela está, como se costuma dizer, por trás de nossa conduta". Muitas vezes, é difícil reconhecer a ação da inveja em nós, sobretudo porque ela não tem permissão social para ser reconhecida. Trazer à tona a experiência da inveja é quase expor o pior lado de si mesmo, algo que em nossa sociedade não tem espaço e precisa ser mascarado e escondido.

Encontrar referências sobre a inveja parece, no geral, simples, mas, em profundidade, ninguém quer abordar este tema tão desconfortável. Talvez porque o Cristianismo tenha procurado excluí-la das emoções por sua característica relacionada à maldade, o que levou Lopez-Pedraza (2010) a relacionar sua malignidade intrínseca com a inclusão no rol dos sete pecados capitais; de todos, é o único que ninguém consegue assumir publicamente a sua existência ou experiência.

Como a inveja é considerada um pecado capital, não se consegue entrar em contato com ela, de fato, sem cair em julgamento e juízos severos de valor. Dessa forma, a visão cristã acabou por reforçar a polaridade negativa da inveja. Podemos afirmar que a inveja é uma emoção raramente assumida conscientemente. É ocultada, pela reprovação e culpa que provoca.

Quando pensamos no lado oculto, consideramos o conceito de Jung, relativo aos conteúdos reprimidos, ele define como sombra aquela parte da personalidade que foi reprimida simultaneamente em função da formação e estruturação do ego, e sua existência não depende de um desejo ou querer consciente: ela é arquetípica. A sombra contém qualidades, conteúdos não adaptados e os conteúdos desconhecidos do ego, dentre eles aspectos incompatíveis, medos, ou vergonha, por exemplo. Alguns desses conteúdos só podem ser reconhecidos pelo ego por meio do mecanismo de projeção.

De acordo com Byington (2002) o mal nasce da sombra humana, e a inconsciência de alguns dos aspectos culturais relativos ao Mito da Gênese, representados por Caim e Abel, ficam ainda mais intensificados pela falta de espaço de reflexão em relação à inveja, à vergonha, à culpa e ao potencial destrutivo. A inveja acabou por ser reprimida, no conceito cristão, como se sua presença fosse intensificar o aspecto negativo do mal e não houvesse outro tipo de contribuição dela para o desenvolvimento da pessoa.

Na busca dessa integração, Liliana Wabha (2009), analista brasileira, entende ciúmes e inveja como:

> Sentimentos normais que, defensivamente, carregam a repressão, a sombra, quando inconscientes (afetos) associados a complexos.

> Quanto mais grave a repressão ou atuação impulsiva, mais grave será o efeito negativo e destrutivo (p. 528).

Com isso, parece que a possibilidade de vivenciar a inveja ficou diretamente associada ao conceito cristão. A vivência a partir do espelhamento, ou desse lugar que nos faz refletir a partir do outro, como maneira de nos reconhecermos, acabou sendo associada negativamente e, assim, reprimida como forma de conscientização.

Na literatura e nas artes, talvez possamos nos deparar com mais expressões em relação à inveja, seja na biografia de artistas, seja nas pinturas ou nos contos.

Shakespeare descreveu a inveja em seu personagem Iago. Em Otelo, escreve sobre a dupla de sentimentos de ciúme, protagonizado por Otelo e da inveja, profundamente sentida por Iago. Na biografia de Michelangelo, vemos a disputa de Bramante através da "proposta" ao Papa para que Michelangelo fizesse a obra no teto da Capela Sistina. Essa sugestão tinha a intenção de que a obra não ficasse boa uma vez que a pintura no teto era extremamente difícil e o destaque artístico de Michelangelo, como ele mesmo dizia, não era a pintura e sim a escultura. Contudo, a inveja de Bramante levou Michelangelo a produzir uma das mais importantes obras artísticas da humanidade. Por sua vez, Michelangelo também invejava da Vinci.

Dante Alighieri, em A Divina Comédia, aborda os sete pecados capitais em uma das partes e, como tal, a inveja. Salvador Dali, ao ilustrar uma edição da Divina Comédia de Dante, cria uma aquarela sobre o tema, que pode ser abaixo contemplada.

É também tema dos contos de fada, como Branca de Neve. O conto alemão narra a história de Branca de Neve, filha de uma rainha que desejava muito ter uma filha que fosse branca como a neve, rubra como o sangue e de cabelos negros como ébano. Contudo, após nascer, a rainha morre. O rei então casa-se novamente com uma mulher muito linda, que sempre consultava um espelho mágico, a respeito de sua beleza: "Espelho, espelho meu, existe alguém mais bonita do que eu?" E assim começa o conto da inveja da Branca de Neve. A rainha não consegue aceitar que na adolescência a bela Branca de Neve se torna mais bela que ela. A inveja da beleza da jovem Branca de Neve gera o mecanismo de diversas tentativas de destruição da jovem. Nesse percurso, Branca de Neve busca seu caminho de validação e recebe ajuda dos 7 anões.

Já em Cinderela o tema da inveja está presente na relação com a mãe (referência à relação maternal) e as irmãs (referência à relação fraternal). Nesse caso, o pai de Cinderela morre e ela é feita de escrava pela mãe e pelas irmãs que invejavam sua beleza e doçura. Haveria um baile em que o príncipe escolheria sua parceira de vida. Cinderela não poderia ir porque tinha serviços de casa a fazer e porque não tinha roupas. Recebe então ajuda de sua fada madrinha, que vem em seu auxílio. Ao final da meia-noite deveria retornar para a casa, pois o encanto encerraria. Cinderela sai correndo do baile e deixa cair um sapato de cristal, que serve então como acesso do príncipe à pessoa que seria sua parceira.

Também encontramos o tema da inveja no mito de Eros

e Psiquê, dinâmica esta presente na relação entre Psiquê e suas irmãs. No mito, Psiquê era a única das três filhas que não tinha se casado. Seu pai, preocupado, consulta o oráculo, que diz da necessidade de levar Psiquê para o abismo, que lá se casaria com um monstro. O pai aflito, concorda com os prenúncios do oráculo e conduz Psiquê para suas núpcias. Ao cair no abismo, Eros envia Zéfiro para trazer Psiquê para seu castelo e exige dela um viver inconsciente. A exigência se faz no impedimento de Psiquê conhecer a face do marido Eros. Eros, então, sem se deixar ver, faz Psique sua mulher e depois desaparece. Após muitas noites dessa forma, Psiquê apaixonada, conta seu amor para suas irmãs. Essas começam a invejar Psiquê e instigam-na a descobrir a identidade do esposo. É então que Psiquê, tomada pelo sentimento de medo, alimentado pela inveja das irmãs, usa um lampião para ver o rosto do marido. Ao acender, enquanto Eros dormia, Psiquê pica seu dedo em uma flecha e se encanta ainda mais por Eros, que desperta ao ser queimado pelo lampião. Enfurecido pela desobediência de Psiquê, some na noite, deixando-a solitária. Ele vai encontrar sua mãe, Afrodite, que tomada pela raiva de Psiquê e ciúmes do filho, escolhe 4 castigos para Psiquê cumprir. E a jornada de Psiquê tem início no caminho para encontrar Eros.

A inveja aparece também em algumas fábulas, como na fábula A Raposa e as Uvas, de La Fontaine (2003):

> Contam que certa raposa,
> Andando muito esfaimada,
> Viu roxos, maduros cachos
> Pendentes d'alta latada.

De bom grado os trincaria,
Mas sem lhe poder chegar
Disse: "Estão verdes, não prestam
Só cães os podem tragar!"

Eis cai uma parra, quando
Prosseguia seu caminho,
E crendo que era algum bago,
Volta depressa o focinho
(LA FONTAINE, p.30).

Aqui a raposa, diante de sua dificuldade de não alcançar as uvas, prefere negar o seu desejo a ter que assumir sua frustração. Essa maneira de lidar com o objeto de desejo também é uma expressão da inveja.

Como já fizemos algumas pequenas exposições acima, reforçamos que não iremos pensar a inveja apenas por seu aspecto sombrio, embora não tenhamos como desvinculá-la totalmente desse lugar. A seguir, uma pequena apresentação do tema.

## A INVEJA
## UMA BREVE REVISÃO

Um dos primeiros aspectos que me despertaram o olhar para a inveja é sua capacidade de gerar vergonha e, ao mesmo tempo, dor física nas pessoas que a sentem. A inveja parece ser representada como uma facada cravada profundamente. Um sangramento contínuo. Quando a dor parece acalmar, ela ressurge com grande intensidade, desesperando quem a sente. E esse ressurgir continuado cria a sensação de perdurar por um tempo que parece eterno.

Algumas pessoas tomadas pela inveja sentem a dor com tamanha expressão que parecem conseguir apalpá-la com as mãos.

Uma pesquisa realizada por Jankowski e Takahashi (2014), publicada na revista *Science*, localizou a inveja relacionada às conexões neurais. Com isso, a inveja pode ser mapeada e localizada no cérebro. Nessa pesquisa, a inveja foi identificada nas mesmas conexões neurais em que se encontra a dor física - no córtex cingulado anterior. Quando a inveja está presente, essa mesma região é ativada (CRUSIUS; MUSSWEILLER, 2014). Dessa forma, foi possível visualizar a presença física da inveja a partir desse estudo.

Essa é uma emoção marginalizada, geradora de vergonha e de dor. Dessa forma, a queixa que algumas pessoas expressam, de que são tomadas por intensa dor, é que a inveja pode ser apalpada com as mãos e sua dor pode ser sentida e, finalmente, explicada. As representações das pinturas e imagens sobre a inveja que aparecem neste trabalho podem ser facilmente compreendidas a partir dessa referência.

A inveja é uma emoção multifacetada, no sentido de gerar sentimentos tanto positivos quanto negativos. Tem sua origem na falta, quando tomamos por base a percepção do que se deseja e não se possui. É também uma forma de expressão do desejo por aquilo que o outro possui; portanto, o desejo é pré-condição para a inveja acontecer.

Segundo Cruisius e Mussweiler (2012), a inveja vem carregada de sentimentos de dor e frustração e altos índices de sentimento de inferioridade. Tais características causam nas pessoas vergonha de suas emoções, de seus pensamentos, que envolvem diferentes motivações.

Para Byington (1985), a inveja se aproxima da cobiça e da voracidade. Segundo o autor, a diferenciação está na expressão emocional do *Self*. Assim, a voracidade é a expressão da energia psíquica emergente, enquanto a cobiça é esta energia com especificidade objetal. Em outras palavras, de acordo com Ventura (1998, p.25), "a inveja é destrutiva, a cobiça é competitiva".

Retomando Byington (1985, p. 85), "na inveja, a energia psíquica se encontra nitidamente dirigida a algo que tem a característica específica de já pertencer a outro". Dessa forma, a voracidade é a fome de ser; a cobiça é a fome dirigida a um objeto qualquer "[...] e a inveja é esta voracidade e esta a cobiça do *Self* dirigida para uma característica que pertence de forma nítida a outro". Para esse autor, a inveja tem seu aspecto positivo, uma vez que atua como função estruturante na formação da consciência. A inveja é imprescindível para o crescimento (2002), cuja inclusão na vida educativa dos filhos passa pela permissão de a criança conseguir elaborar as vivências entre Consciência e Sombra, que funcionam como funções simbólicas estruturantes da personalidade da criança. Nos tempos atuais, percebemos que crianças e adolescentes reconhecem a inveja como emoção possível de ser identificada e expressada.

A inveja também costuma gerar o sentimento de injustiça

profunda. Este ponto referente à injustiça costuma confundir o aspecto da inveja na polaridade negativa, pois aparentemente, o sentimento de injustiça não permite que o aspecto negativo da inveja esteja confrontado na relação com outro. O sentimento de injustiça protege o invejante da polaridade negativa da inveja, uma vez que transmite a ideia de que este se torna vítima da própria inveja. Aparentemente, é a vida que seria responsável por tamanha injustiça. Nesse aspecto, não se entra em contato com a inveja e sim projeta-a em algo/alguém para o responsabilizá-lo por tal sentimento.

No âmbito da psicologia analítica, de fato, pouco estudo existe sobre a inveja. Muito se escreve sobre seus aspectos negativos, seus impactos na vida das pessoas. Seu caráter sombrio, ao que nos parece, dificulta que pesquisas e pessoas reflitam mais sobre a inveja. A inveja machuca. Jung já percebia que a inveja é uma reação à grandiosidade, que acaba por aliviar o profundo sentimento de inferioridade. (JUNG apud WAHBA, 2009, p. 532).

Definir inveja acaba sendo tarefa complexa. Aristóteles (1998), em seu livro Retórica, escreve sobre as emoções na busca de extrair os argumentos, opiniões e premissas que possam ser úteis na elaboração de provas. Com isso, procura discorrer sobre uma série de emoções, dentre elas, a inveja. Ao abordar a inveja, destaca ser esta uma emoção sentida pelos homens apenas pelos semelhantes, motivada pelo desejo de bens materiais ou de conquistas.

> (...) a inveja consiste numa certa pena contra os nossos semelhantes, motivada pelo êxito visível alcançado em relação aos bens referi-

> dos acima. Não para nosso proveito pessoal, mas por causa daqueles. Sentirão, pois, inveja aqueles que são ou parecem ser nossos pares, entendendo por pares aqueles que são semelhantes a nós em estirpe, parentesco, idade, disposição, reputação e posses. Também são propensos à inveja aqueles a quem pouco falta para tudo terem (por isso é que os que realizam grandes obras e os homens de sucesso são invejosos), pois creem que todos querem tirar-lhes o que é seu (ARISTÓTELES, 1998, p. 132/133).

A ideia aristotélica nos parece um pouco reducionista diante do pensamento de Lopez-Pedraza (2011, p.43), para quem a inveja vai além do sentimento relacionado às "conquistas e bens materiais não merecidos de outro. (...) a inveja é uma emoção cujo espectro é mais amplo".

Para ele, a inveja em seu aspecto sombrio, ou seja, quando não assumida ou quando não entramos em contato com ela, pode ser destrutiva. Lopez-Pedraza considera que o termo alemão mais comumente usado *Shadenfreude* (o prazer nosso com o fracasso ou derrota do outro) define muito adequadamente o sentimento da inveja. Aristóteles também já defendia a ideia de que a inveja é um sentimento destrutivo, mas para este não se resume a apenas esse aspecto. Aristóteles já acreditava que a inveja tem seu lado "bom". Para ele, se a pessoa conseguir identificar o sentimento de inveja e conduzi-lo conscientemente para um fim pessoal, isto é, usar a identificação do desejo pelo que o outro possui como o caminho para se atingir o que se deseja, esse pode ser o lado positivo da inveja (Mente e Cérebro, 2014, p.25).

Em consultório, esse tema sempre chega rodeado de vergonha, julgamentos e constrangimento. Parece sempre ser algo de difícil acesso e que se deve falar *in bocca chiusa.*

Melanie Klein foi, talvez, quem mais se dedicou à compreensão da inveja na psique humana. Para a autora, a inveja é importante pois afeta diretamente a relação com a mãe. Sendo assim, a autora estudou a inveja como sendo originada já na relação mãe-bebê, sentimento que surge muito precocemente no ser humano.

Em sua obra, Klein (1991) faz uma distinção entre ciúme, inveja e voracidade. Para a autora,

> A inveja é o sentimento raivoso de que outra pessoa possui e desfruta algo desejável – sendo o impulso invejoso o de tirar este algo ou de estragá-lo. Além disso, a inveja pressupõe a relação do indivíduo com uma só pessoa e remonta à mais arcaica e exclusiva relação com a mãe. O ciúme é baseado na inveja, mas envolve uma relação com, pelo menos, duas pessoas; diz respeito ao amor que o indivíduo sente como lhe sendo devido e que lhe foi tirado [...] a voracidade é uma ânsia impetuosa e insaciável, que excede aquilo que o sujeito necessita e o objeto é capaz e está disposto a dar (p. 212).

Segundo Klein (1991), a pessoa muito invejosa é insaciável uma vez que sua inveja é gerada internamente.

Mas seu olhar, apesar de importante para a história da psicologia, também fica restrito ao aspecto destrutivo, negativo e sombrio da inveja. Para ela, a inveja implica na existência de um narcisismo primário.

Kilborne (2008), em seu estudo com sonhos, percebeu o efeito extraordinário e poderoso na crença do olho gordo e da inveja como pontos de entrada no mundo das emoções. Para esse autor, o poder da inveja, segundo Freud, está relacionado à projeção e paranoia, e para que este poder de inveja se perca ou diminua, é preciso perder o poder da inveja em si mesmo, ligado ao superego e, portanto, perder o sentido de identidade.

> Também é perder o poder da vergonha, entre outras dinâmicas, de sentir inveja (e sem o sentimento de ansiedade). Dinâmicas da vergonha constituem uma parte essencial dos valores culturais e defesa tão proeminente em fenômenos do mau olhado. [...] A inveja pode ser um sinal de vergonha não reconhecida. [... E dessa forma], a inveja como uma resposta a sentimentos intoleráveis de limitação, perda e déficit, assim, vem acompanhada de vergonha e ressentimento (p.145).

Segundo esse autor, a apatia conduz à vergonha, que gera defesas psíquicas construídas em cima de fantasias onipotentes que só fazem ampliar o sentimento de vergonha. Dessa forma, o autor considera que o mal, o olho gordo seja invocado como forma para lidar com essas defesas onipotentes que existem frente à presença de uma vergonha insuportável. Esse mau olhado (aquilo que vem do olho mau) apresenta-se como defesa diante da falta de resposta de reconhecimento dos pais aos sentimentos vergonhosos dos filhos. Esse sentimento é vivenciado como uma experiência de invisibilidade e ausência de reconhecimento. Aí decorre a falta de observação através do olhar dos pais, ocasionando o que o autor chamou de cegueira da alma. Isso explica, do ponto de vista dele, a origem da inveja. Com isso, o autor reforça que a inveja surge principalmente diante da ausência de respostas dos pais ou cuidadores aos sentimentos intolerantes de limitação dos filhos, o que reflete a ausência de tolerância deles para com os sentimentos vergonhosos, reforçando a percepção das crianças como invisíveis e não reconhecidas. Essa não validação de sentimentos leva a uma experiência de cegueira de alma. Em outras palavras, o desamparo leva à sensação de invisibilidade, ao sentimento de vazio. "A inveja surge como uma poderosa emoção, para dar orientação e defesa contra os sentimentos de desorientação e desconexão, ambas as fontes de vergonha" (p. 146).

Como fonte da vergonha, a inveja é novamente vista como a parte mais negativa e sua ação parece relacionada a uma defesa. No entanto, concordamos com Lopez-Pedraza (2011) sobre "a valorização da vergonha como força interior oposta à loucura repetitiva do complexo de culpa [...] índice de uma consciência psíquica em movimento" (p.41). E entendemos a inveja como uma emoção, cuja característica abrange outros aspectos e que precisam ser conscientizados.

Segundo Morrisone e Lansky (2008), o ponto de vista de Klein considera a inveja como originária na infância e relacionada com a negação da necessidade e o desejo do seio e representa a mais precoce manifestação do instinto de destrutividade. Spillius (1993 apud MORRISONE; LANSKY, 2008), relendo Klein, também considera que o meio ambiente e fatores constitucionais são determinantes da força da inveja. A inveja é construída na comparação e reflete a autoconsciência, em que o outro é exaltado e odiado por sua superioridade ou completude. Sob esse prisma, a inveja tem relação direta com o instinto de destrutividade e a consciência dela ajuda a acessar esse instinto).

Em outras palavras, a inveja é projetada no outro e a consciência e a percepção desse mecanismo auxilia na relação com os conteúdos sombrios.

Na compreensão de Jacoby (1994), a vergonha é um afeto inato, e, portanto, está relacionada a um arquétipo e à sua dinâmica arquetípica. Sempre possui dois aspectos, um positivo e outro negativo, próprios da dinâmica arquetípica. Para o autor, "a vergonha reforça a distinção interpessoal e o senso de sua própria identidade individual" (p.21) [...] e age a serviço da adaptação social. Para ele há duas formas de vergonha: uma que serve à adaptação social e outra à adesão às normas coletivas. "Quanto menor a autoconfiança e a autoestima, maior a probabilidade de o indivíduo ser vítima de intensa vergonha" (p.23). Assim, sugere que é preciso consciência para poder lidar com as emoções sombrias.

De acordo com Crusius e Mussweiler (2012), pesquisadores sobre o lado impulsivo da inveja, acreditam que o sentimento comum da inveja é o desejo e que sua manifestação (da inveja) está diretamente ligada à falta de recursos de autocontrole.

Em outra linguagem, a manifestação da inveja está relacionada à atuação de um complexo, como entendemos a ação fora de controle que um complexo promove na psique do indivíduo. Dessa forma, a inveja pode ser vivenciada tanto por homens como por mulheres, sendo, portanto, inerente ao ser humano. Nessa manifestação da inveja, como Lopez-Pedraza (2011, p. 45) destaca, a questão central é que, ao haver a identificação com o outro, há uma perda total da individualidade, aspecto semelhante ao que acontece quando um complexo está atuando na psique.

E Byington (2002) reforça que "a inveja tanto mais rói e faz sofrer quanto mais ela expressa algo imprescindível à personalidade do invejoso".

Pensamos que a ação da inveja na psique pode atuar de duas grandes maneiras: destrutivamente em relação ao outro ou destrutivamente em relação a si mesmo. No primeiro caso, é quando a inveja se manifesta da maneira como comumente conhecemos, desejando e destruindo o que o outro possui. No segundo caso, quando o indivíduo a sente, a energia mobilizada fica paralisada e a pessoa não consegue mudar sua atitude, sua visão e perde-se de si mesma. O impacto que as conquistas do outro exerce sobre si é tão intenso que não consegue mais encontrar em si aquilo que é significativo. Fica presa ao outro e ao seu próprio fracasso. Perde sua própria identidade. Para Lopez-Pedraza (2011), essa experiência da inveja em psicoterapia também promove no terapeuta a necessidade de buscar maneiras indiretas de mobilizar esta paralisia psíquica.

Contudo, tanto Lopez-Pedraza (2011) quanto Verena

Kast (1994) acreditam que o aspecto destrutivo da inveja possa ser integrado na psique e que essa integração pode transformá-la. Esse olhar de Lopez-Pedraza sobre o tema pode ser recortado da compreensão do mito Eros e Psiquê em que ele destaca a presença da inveja na relação entre Psiquê e suas irmãs. Sendo assim, ele entende que o início da jornada de Psiquê começa quando a inveja das irmãs entra na história e promove todo o conflito sobre a beleza e a riqueza de Eros. Somente após entrar em contato com a inveja das irmãs é que Psiquê pode se transformar. Assim, "uma emoção que pode ser destrutiva pode integrar-se na psique para transformá-la em emulação e magnanimidade" (LOPEZ-PEDRAZA, 2012, p.47).

> A inveja é um apelo a nosso eu profundo, e devemos nos individuar e trazer ao cumprimento a nossa auto-realização, que significa o desenvolvimento dos talentos e de vermos o lado da sombra que não conseguimos viver e que nos levam a invejar secretamente os homens que concretizam o nosso lado que foi desprezado (KAST, 1994, p. 92).

A inveja acaba por movimentar a psique desde a sombra e a ativar elementos que o indivíduo busca no outro e que ainda desconhece em si mesmo (LOPEZ-PEDRAZA, 2012).

Assim, a inveja concretiza aspectos que não reconhecemos em nós e que, e soubermos incluí-los como parte possível a ser reconhecida, há grande chance de ampliar a consciência e de alguma transformação acontecer.

Karnal (2014a) realça que "saber o que invejo é espaço

para saber o que me falta. E ao saber o que me falta, consigo entrar em contato com o vazio gerado pelo espaço desocupado daquilo que desejo."

Quando a inveja está atuando na psique do indivíduo, a sensação é de se estar cego e tomado pelo desejo de ser e/ou ter o que o outro possui, juntamente com o sentimento de profunda injustiça. Esse sentimento de injustiça leva à sensação de se estar cego para todas as potencialidades. Mas, é na cegueira psíquica em que a oportunidade de olhar para dentro se torna primordial e possível. Podemos retomar as imagens citadas:

**Fig. 4:**

a) Covarrubias

b) Giotto

Retomando as imagens dos quadros já citados, tais imagens parecem estar associadas ao Feminino. Não gostaria de entender aqui que a inveja é parte da psique da mulher, ou relativizar o olhar por um aspecto de gênero. Gostaria de enfocar a inveja pelo ponto de vista do Feminino e da Grande Mãe. Olharmos como uma referência arquetípica, em suas polaridades positiva e negativa, de mãe boa e mãe terrível, que podem ser consteladas na psique do indivíduo através de imagens das Górgonas, ou também da referência às irmãs de Psiquê.

As Górgonas são três irmãs com cabeças de serpentes, presas de javali nos lábios, mãos de bronze e asas de ouro (Chevalier; Gheerbrant, 1999).

> Euriale seria a perversão sexual, Esteno a perversão social; Medusa simbolizaria o princípio desses impulsos: o espiritual e evolutivo, mas pervertido em *estagnação vaidosa.* Só se pode combater a *culpabilidade originada na exaltação vaidosa dos desejos* com esforço sentido de realizar a *justa medida, a harmonia* (p. 476).

Dessa forma, as Górgonas confrontam os sentimentos mais terríveis do ser humano, como a culpa e a inveja. Permanecer apenas no confronto com tais sentimentos remete às vivências aterradoras da mãe terrível, em relação ao desamparo, ao abandono.

Segundo Neumann (2006), "a Górgona cuja cabeça é coberta por víboras serpenteantes e cujo olhar petrificava a vítima é uma projeção da mãe terrível" (p. 34). Poderíamos refletir que a projeção do aspecto negativo da Mãe petrifica. A inveja está relacionada ao aspecto endurecido, desamparado, esvaziado do arquétipo materno.

Quem olhasse nos olhos de Medusa ficaria petrificado.

**Fig. 5: Górgona**
Caravaggio

A Górgona de Caravaggio (fig.5), a serpente que envenena os olhos, na obra de Giotto (fig.4) e a de Sebastian de Covarrubias (fig. 6) retratam as serpentes na cabeça. Elas nos remetem a aspectos traiçoeiros e que inspiram cuidados e proteção para quem estiver próximo a elas. Para enfrentar a Medusa e não ser por ela petrificado foi preciso utilizar um espelho e, com o uso dele poder amputar a cabeça, sem olhar diretamente para ela. Olhar diretamente para esses aspectos terríveis e destrutivos presentes na psique também paralisa, enrijece, endurece. É preciso usar recursos para driblar o efeito devastador de uma Górgona. Um dos recursos que temos é a *persona,* arquétipo de defesa que pode ser saudável ou negativo, de acordo com a forma que é usado.

> Como seu nome revela, ela é uma simples máscara da psique coletiva, máscara que aparenta uma individualidade, procurando convencer aos outros e a si mesma que é uma individualidade, quando, na realidade, não passa de um papel, no qual [através do qual] fala a psique coletiva (JUNG, § 245).

Jung completa que ela representa o compromisso entre a pessoa e a sociedade e, com isso, aquilo que a pessoa parece ser diante da sociedade, seus papéis suas ocupações.

É preciso estar atento aos aspectos da *persona*. A Górgona petrifica aquele que ousa olhar diretamente para ela sem escudos de proteção. Dessa forma, a *persona* é um recurso de proteção que a psique dispõe para lidar com situações que colocam em risco a estrutura emocional da pessoa.

**Fig. 6: Inveja**
Sebastian Covarrubias, séc. 16

Foi na relação com as irmãs de Psiquê através de toda a inveja presente, que foi possível trazer à consciência a oportunidade do conflito e da transformação acontecer. No processo de Psiquê para lidar com a inveja das suas irmãs e com a inveja/ciúmes de Afrodite, ela precisou buscar recursos e auxílios.

Na vida, também, para lidar com a inveja, é preciso ir ao encontro de recursos e auxílios. Percebemos que o desenvolvimento de uma *persona* criativa bem como a consciência e acolhimento do desejo gerado pelo outro são alguns dos recursos. Esses podem ser desenvolvidos através da consciência de que aspectos estão constelados naquela situação invejada e também de suas limitações, muitas vezes projetadas no outro ou invejadas pelas conquistas do outro.[1]

Retomando a imagem da Mãe terrível, ela nos remete à ideia de desamparo e, quando pensamos na inveja, imediatamente a relacionamos com o sentimento de vazio. E, nessa perspectiva, entendemos a inveja como um sentimento que fica intensificado diante da era do vazio. O vazio psíquico não preenchido parece levar à busca do preenchimento com aquilo que é reconhecido no outro, através do que o outro possui. E quando pensamos no vazio psíquico, novamente pensamos em desamparo. O desamparo nos remete a aspectos negativos do Feminino, mais precisamente ao arquétipo materno.

1. Estas questões serão discutidas no próximo capítulo.

CAPÍTULO 4

# COMPREENSÃO SIMBÓLICA: A INVEJA E O COMPLEXO MATERNO

Entendemos que uma das características do arquétipo do Feminino (já citadas) se refere ao amparo e no seu polo oposto registramos o desamparo psíquico.

Em tempos de valores desvirtuados, consumo desenfreado e preocupação em demasia com o sucesso, a necessidade de encontrar, em cada um, suas características essenciais, torna-se cada vez mais intensa. No consultório, percebemos a grande preocupação com a aparência física, com a busca de perfeição como formas de preenchimento de um vazio ou de demandas internas. Essa preocupação com a *persona* no sentido enrijecido (ou talvez apenas em um dos aspectos, no que se refere à máscara protetora da psique) desconfigura todo potencial criativo e indispensável para o desenvolvimento psíquico, no que cabe à *persona* criativa.

Se pensarmos o arquétipo do Feminino como referência do acolher, do conter, do aconchegar e do preencher, entendemos que viver atualmente, muitas vezes, está esvaziado de sentido individual, isto é, há ausência de significado para as experiências pessoais. Muito se espelha naquilo que o outro possui e as próprias conquistas são desvalorizadas, ativando o polo negativo do arquétipo do Feminino. Esse desamparo do Feminino elementar, como Neumann definiu, pode gerar um sentimento de vazio intenso. Esse esvaziamento é um dos aspectos destacados por aqueles tomados pela força da inveja.

Retomamos que a inveja é inerente ao ser humano, é arquetípica. O que enfatizamos é a intensidade com que algumas pessoas sentem a inveja e a que essa intensidade estaria relacionada na dinâmica psíquica. Dessa forma, o preenchimento desse vazio pelo objeto invejado está relacionado a uma tentativa de proteção da psique para lidar com o desamparo intenso vivenciado pela inveja. Pensamos que a mesma tem uma raiz no aspecto arquetípico do Feminino, uma vez que a sua atuação na psique está intimamente ligada ao desamparo, a esse vazio.

A preocupação com a perfeição acentua o nível de auto-exigência e paralisa a ação de uma *persona* mais flexível. Assim, se sua função protetora fica enrijecida, impede o uso de recursos criativos quando o vazio (desamparo intenso) é constelado. Entendemos o vazio, como acima enfocamos, como um polo do arquétipo materno relacionado ao desamparo.

Quando se fala em inveja, a primeira relação a que se associa é com seu aspecto sombrio. Pensar a inveja apenas pelo aspecto da sombra é ficar paralisado na visão do pecado capital, de algo a ser escondido. Não é esse aspecto que queremos analisar aqui.

Os contos de fada costumam abordar os sentimentos sombrios com bastante significado. O conto de Branca de Neve, como resumimos, trata, entre outros aspectos, da inveja. Inveja da beleza e da juventude. Aborda também a relação da menina com a ingenuidade e como isso a coloca em risco diante de circunstâncias da vida que exigem malícia e proteção.

Observamos que muitas mulheres são alvo de inveja de sua beleza, de sua competência e que, muitas vezes, a ausência de consciência de suas qualidades e habilidades também as ajuda a ficar expostas à inveja.

Entendemos a inveja como um arquétipo constelado no complexo materno. A ausência de amparo, acolhimento, aceitação (auto-aceitação) propiciam que a experiência da inveja seja vivida de forma mais intensa. Tanto quem sente como quem recebe a projeção dela estão sob a dinâmica da ação do complexo materno. A forma como se assimila essa experiência vai apontar se a polaridade constelada é positiva ou negativa. Se positiva, consegue identificar e acolher as emoções geradas nesse contexto. Se negativa, quando constelada, a força de sua ação impede a visão do que está em jogo. A pessoa invejada não consegue criar recursos de autoproteção e amparo e o sujeito que inveja não percebe as próprias potencialidades e recursos, sentindo-se esvaziado.

Branca de Neve teve sua referência de mãe perdida muito precocemente. Não construiu em si mecanismos de proteção, amparo, autocrítica e, com isso, a ingenuidade parecia um recurso presente e saudável. Não se apropriava dos cuidados de si mesma, tudo o que fazia de autoproteção era em nome dos 7 anões e não de si, como se não reconhecesse os riscos da inveja da madrasta. E isso terminava por não fornecer respaldo psíquico para lidar com a maldade da madrasta.

Observamos que pessoas tomadas pela vivência da inveja, no polo invejado, também são possuídas por aspectos do complexo materno, em que não conseguem fornecer uma autoproteção e um acolhimento, levando-as à exposição. Muitas vezes, sentem-se inadequadas, "pequenas" como Branca de Neve.

Na prática clínica, o sentimento da inveja é bastante ocultado, ainda que seja num espaço com total permissão para se olhar para emoções sombrias e "menos autorizadas". Quando esse sentimento é nomeado percebemos algumas vezes a surpresa e certa confusão para entender o que se queria dizer com sentir inveja, na vida daquela pessoa.

A inveja, como representada na figura da madrasta, impede as pessoas de conseguirem conectar-se com seus recursos e conquistas próprios, ficando apenas com o aspecto da falta ou do não conquistado.

Nem sempre a expressão da inveja aparece de forma explícita. Há casos em que o que conseguimos ver é a reação da pessoa frente ao esvaziamento psíquico. Conseguimos analisar com a pessoa apenas o que fica em evidência, que se refere ao profundo sentimento de vazio frente à vida. Por vezes, isso pode aparecer em fantasias em relação ao terapeuta, o que torna a expressão da inveja mais evidente. Fantasias que podem estar relacionadas ao caminho por ele percorrido, como se tivesse sido mais fácil do que o que estava vivenciando. Uma atitude transferencial possível pode aparecer no ataque ao que o terapeuta possui, que é considerado como o aspecto de "preenchimento" em detrimento do vazio psíquico a que o paciente vivencia; há um desejo de destruição (às vezes através de palavras) das supostas ou evidentes conquistas do terapeuta.

Outras vezes, o ponto que fica em evidência são as posses e os bens materiais da pessoa, que costumam ser a referência mais conhecida da inveja. O olhar clínico orienta-se para a identificação do sentimento de esvaziamento que fica presente e para a dificuldade de amparar e acolher as próprias conquistas. Essa condução analítica auxilia o analisando a reconhecer o esvaziamento e não ser tomado por um sentimento de inveja tão profunda, que gera em si o não abastecimento com as conquistas em seu processo de vida.

Outra situação em que observamos a inveja diz respeito ao sentimento de uma vida plena de injustiça: a inveja fica subliminar como se a injustiça da vida fosse o ponto de maior evidência, fato este que pode prejudicar o olhar para a inveja e para a possibilidade de transformação. A posição de vítima impede a inveja de ser vivenciada e, com isso, a possibilidade de transformação não acontece.

A relação com a inveja nos homens parece permeada por outros sentimentos. A dinâmica masculina apresenta uma ação mais ativa e menos reflexiva, num primeiro momento. A resposta imediata é de raiva, agressividade em relação ao outro, aspectos que muitas vezes costumam ser expressos concretamente. Nas mulheres observamos que a raiva e a agressividade muitas vezes ficam num plano psíquico e reativo internamente.

Em homens, por vezes não está presente o desejo de destruir o que o invejante conquistou, mas sim fica exposto o desejo de possuir o mesmo ou mais do que aquele. A constelação do arquétipo da inveja parece acionar uma competição na psique masculina, como vemos no personagem Larry, no filme Amor por contrato (2009), em que testemunhamos o poder da inveja:

> Os Jones formam uma família aparentemente perfeita. Tanto Steve e sua esposa Kate quanto seus filhos Mick e Jenn são bonitos, populares e confiantes. Além disso, a casa dos Jones é luxuosa e repleta de aparelhos de ponta. A situação provoca a inveja dos vizinhos, especialmente em Larry e Summer Symonds. Só que este é exatamente o desejo que os Jones querem causar. Eles não formam uma família de fato e são, na verdade, funcionários da empresa LifeImage. Os Jones são a mais nova estratégia de marketing da empresa, que resolveu inserir famílias em mercados de luxo de forma a dar vida aos seus produtos. Ou seja, dar visibilidade de forma que as pessoas que convivam com esta família desejem ter estes produtos. Tudo corre bem para os Jones, até que um dia KC, supervisora da LifeImage, resolve visitá-los. KC alerta que Steve não está indo bem em sua função e o estimula a pôr em prática seu instinto de vencedor. Para tanto Steve decide focar em Larry, que o idolatra e está disposto a ganhar muito dinheiro para ser igual a ele (2009)[2].

Essa família, Jones, então bem-sucedida e bonita se muda para um bairro com o objetivo único de vender um estilo de vida. Larry, o vizinho, leva uma vida com restrições e

2. Sinopse do filme retirada do site adorocinema.com acesso em 20/06/2016.

acredita que a felicidade da esposa estará presente se possuir aquilo que ele não consegue dar. Começa a "comprar" esse *life style,* endivida-se, e sua vida fica esvaziada e desconectada. A desconexão total com suas possibilidades e com sua essência e culmina num final trágico.

Nesse breve exemplo, percebe-se a inveja propriamente conhecida: o outro fica detentor da força e da capacidade de possuir tudo o que se desejaria. Larry fica obcecado por possuir as mesmas coisas que Steve proporciona para a família e se desconecta de suas referências internas. Em vez de Larry conseguir usar as referências arquetípicas da Grande Mãe no que se refere ao acolher, conter e amparar como formas de se buscar o que deseja, o aprisionamento na ausência, na falta, naquilo não realizado aciona na psique o desamparo e o sentimento de vazio.

Observamos que, quando o arquétipo da inveja é constelado, há uma cegueira psíquica e tanto o homem como a mulher não conseguem se apropriar de seus recursos para caminhar em direção ao que é desejado, seja um objeto, uma condição profissional, um atributo. Essa cegueira, num primeiro momento, impede uma apropriação e tomada de consciência e gera um envenenamento na relação com o outro, como claramente expressado nas pinturas. O envenenamento é o falar mal daquele, é o agredir o que já foi conquistado, o destruir em palavras.

Assim, ao se pensar na condição do invejante, também observamos que interiormente o vazio psíquico é instalado e não há registro interno de como abastecê-lo ou preenchê-lo, senão pela comparação com aquilo que o outro conquistou. O invejante parece não encontrar maneiras acolhedoras dentro de si para lançar mão e caminhar em direção àquilo a que está em busca, como vimos acima.

E esse aspecto não é apenas percebido em quem sente a inveja (o invejante), mas também, com igual desconforto e confusão, em quem é alvo da inveja do outro – o invejado.

A presença da inveja pode acontecer de forma não convencional. Algumas vezes, o que se percebe é um sentimento de desconforto em relação à atitude que a outra pessoa tem com o envolvido. Há casos em que, na relação de trabalho, a pessoa invejada realiza suas funções com habilidade e é validada, reconhecida perante todos. Aquele que inveja muitas vezes age procurando chamar a atenção para si, falando em voz alta, relatando dificuldades ou mesmo uma situação de vitória. O sentimento destacado pelo invejado é de desconforto e de inadequação, como se algo de errado existisse nele. É interessante trabalhar o fato de ser alvo de inveja (aspecto que, às vezes, gera estranheza) e de, ao ser invejado (a), procurar recursos de proteção, através da *persona.* A *persona* ajuda na proteção do ego quando este é alvo da inveja. Ao se dar conta da inveja, apropria-se das suas relações e sai da condição ingênua, construindo defesas para a vida.

Percebemos que algumas situações em que a inveja apareceu na clínica no polo invejado estava relacionada a certa ingenuidade na vida, como entrar de "corpo e alma abertos" diante da situação experimentada, sem proteção (*persona)* alguma, com certa inocência. É importante dar significado para o paciente da conscientização de seu lugar na sua própria vida, no seu trabalho e, também, incluir a percepção de que sua maneira de ser e agir também podem gerar no outro o desejo de ocupar o seu lugar. Por vezes, a inveja estará presente em condições excepcionais de vida, como bens materiais de consumo, viagens. Mas em outras, a vivência da inveja poderá se relacionar a presença de bens materiais, a consumo, beleza. Muitas vezes, a constelação da inveja pode ter relação com o desamparo interno, com a falta de acolhimento e com o vazio psíquico.

Percebemos que a inveja não é reconhecida quando um vazio psíquico é vivenciado. Nomeia-se esse sentimento como estranho, descrevendo como uma dor física sem causa, como um vazio sem fim, entre tantas outras definições. O pecado capital fica de fato declarado e impossível de ser relatado e assumido. Silencioso.

Ao considerar a inveja sob o ponto de vista da injustiça da vida, percebemos a presença do aspecto relativo ao abandono. Quando o foco fica nesse prisma, a pessoa se sente vítima das circunstâncias, condição em que se percebe menos responsável pela transformação dos fatos.

Quando um arquétipo é ativado na psique, isso se faz através de uma experiência pessoal e é com o complexo, o aspecto pessoal que podemos nos relacionar.

Se entendemos o lado positivo do arquétipo materno como referência do conter, acolher, amparar e preencher, acreditamos que o sentimento de esvaziamento interno desesperador pode estar relacionado à constelação de uma faceta do complexo materno, em seu polo negativo. Observamos que pessoas que trazem em sua história de vida a presença do aspecto da mãe terrível no seu desenvolvimento psíquico, estão mais propensas a sentirem a inveja de forma mais intensa: de dor física, como relatam as pesquisas mais recentes.

Essa observação em relação à constelação desse complexo materno negativo não quer dizer, em nossas observações, que essas pessoas que sentem a inveja de maneira palpável são necessariamente mais invejosas que as demais pessoas. Apenas sentem a inveja mais intensamente, o que é provável que ocorra em função da ação do complexo materno negativo, que dificulta a vivência do acolhimento, do amparo, do aconchego e do preenchimento.

A relação com a inveja é difícil para quem a sente em relação ao outro ou para quem é "vítima" desse sentimento. Percebemos que a manifestação tão intensa da vergonha também pode sinalizar a forma como cada pessoa percebe a si mesma. Jacoby (1994), como já colocamos, aponta a necessidade de o ser humano espelhar-se para se reconhecer.

Nesse processo de espelhamento, a autoestima também se constrói e muitas vezes a baixa autoestima está relacionada ao intenso sentimento de inadequação. Em pessoas tomadas por intensa vivência da inveja, percebemos o sentimento de inadequação muito presente. Talvez isso sugira que, juntamente com a experiência intensa de abandono relativa ao complexo materno, em seu polo negativo, ocorra da mesma forma uma relação de construção da autoimagem, o que pode também acentuar a experiência de esvaziamento gerada pela inveja.

Ao vivenciar o vazio, o sentimento de inveja se apresenta à consciência como defesa para lidar com este desconforto intenso.

A inveja é arquetípica e, portanto, faz parte da natureza humana. Mas, quando o desamparo do complexo materno no polo negativo é constelado, a pessoa vivencia a inveja em seu aspecto mais destrutivo e não em seu aspecto da cobiça, no sentido de desejar o que o outro possui caminhando para sua conquista.

O aspecto destrutivo não precisa necessariamente ser direcionado ao outro, mas pode ser destrutivo em relação a si mesmo. Nesse caso, a pessoa se vê em total inadequação e não consegue fornecer respaldo de amparo, acolhimento e cuidado consigo mesma. Essa auto destrutividade costuma gerar sentimento de desamparo profundo, que algumas pessoas relatam como sendo o sentimento de dor no peito. Isso pode ser exemplificado através do mapeamento cerebral, em que a inveja está localizada no mesmo local da dor física. A compreensão mais profunda desse fato acomete se entendermos a inveja como uma vivência do desamparo.

Quando há total falta de possibilidade, seja real ou psíquica, há a experiência do vazio. Esse vazio acaba preenchido pelo desejo de adquirir aquilo que o outro já conquistou. Caso não seja ocupado com outras referências, como amparo, acolhimento e/ou reconhecimento do próprio vazio, haverá a sensação de fraqueza e incapacidade, e com isso a projeção da força e da capacidade de realização no outro ficam como a possibilidade de alívio.

O vazio psíquico existente e que gera a angústia de preenchimento precisa ser compreendido para que a possibilidade de transformação do indivíduo ocorra.

Esse preenchimento pode acontecer também em relação à fantasia de uma possibilidade, seja ela a de adquirir um bem, a de conquistar um cargo, a de realizar um sonho. A possibilidade de se considerar um desses aspectos permite que o vazio não se instale, uma vez que fica em aberto a realização ou não daquilo que se pretende.

CAPÍTULO 5

# INTEGRAÇÃO DA INVEJA: É POSSÍVEL? REFLEXÕES

E como entrar em contato com o lugar de Branca de Neve em nossas vidas? Ou com a experiência da madrasta frente à inveja, sob o olhar exclusivo da sombra. Nossa compreensão caminhou por outra estrada, na tentativa de entender a inveja sob prisma transformador.

Byington ousou sinalizar a inveja como uma possibilidade criativa de desenvolvimento e nós, em nossa vertente interpretativa, também enfatizamos a visão criativa em face do pecado capital e do aspecto sombrio, negativo: vergonhoso.

Tudo aquilo que causa vergonha diz algo sobre cada pessoa. Aponta uma emoção que não se quer assumir. Isso justifica talvez o porquê de muitas teorias associarem a inveja a aspectos relativos à vergonha. E também de muitas pessoas se recusarem a falar sobre a inveja e seus sentimentos, por gerar imediatamente o sentimento de vergonha e inadequação.

A compreensão junguiana permite um olhar mais profundo sobre o tema. A teoria nesse caso traz a possibilidade de se entender e de descobrir caminhos para se lidar com essa emoção tão intensa.

O que Byington (2002) chama de inveja patológica é aquela que consideramos a inveja destrutiva, definida como a que "não estiver mais contribuindo livre e criativamente para o desenvolvimento da personalidade e que se encontra operando à parte do Todo, como características compulsivo-repetitivas, inadequadas e, por isso, destrutivas" (p. 44). Desta forma, a inveja deixa de ser positiva quando ela não consegue fornecer ponte para o desenvolvimento psíquico.

Acreditamos que a perspectiva atual de esvaziamento das relações, do imediatismo, de relações fluidas como Baumann tão bem descreve, esteja favorecendo a desconexão das emoções, em geral. A inveja é um arquétipo e, como tal, possui polaridades positivas e negativas, em que as primeiras (positivas) normalmente não são consideradas. Diante disso, resta então apenas o aspecto vergonhoso de assumir para si e para o outro esse sentimento secreto. Para conseguirmos dar um lugar para a inveja e transformá-la é preciso primeiro identificá-la. Kast (2016) destaca que "as emoções regulam o relacionamento conosco mesmos, com os próximos e com o mundo" (p.44). E por sentimento, entendemos a identificação física dos aspectos relativos às emoções e ao afeto. A inveja também necessita dessa conscientização física.

Uma das formas de essa conscientização acontecer é através do sentimento dentro de nós mesmos. A inveja e a vergonha podem gerar dor interna. No caso da inveja, pesquisa recente detectou o centro de percepção da inveja localizada na mesma região que detecta dor física. Lopez-Pedraza (2011) acredita que a repressão da vergonha está relacionada à repressão geral das emoções no Ocidente, o que leva a uma imposição da culpa pela cultura judaico-cristã (p.41).

Cremos que a culpa também pode vir como forma de consciência da inveja, como é reconhecida em nossa cultura ocidental. Perceber a culpa e, a partir de tal concepção relacionar quais sentimentos/emoções desencadearam-na, pode auxiliar na consciência da inveja. Para Lopez-Pedraza (2011), quando a vergonha aparece em psicoterapia, indica que uma consciência psíquica está em movimento (p.41). Nesta mesma linha, se entendemos que a vergonha é também uma das expressões emocionais de quando um complexo é ativado, a sua percepção pode também auxiliar na consciência da ação da inveja, uma vez que ocorre a consciência de que um complexo está ativo e que a vergonha é um dos canais de expressão que a inveja gera nas pessoas.

Certo dia, em uma reunião de família, após relatar que tínhamos um trabalho para escrever e dizer que gostaríamos de contar com a colaboração das pessoas sobre o assunto, a reação foi bem positiva. Contudo, quando solicitamos aos mais próximos que relatassem como eles se sentiam a respeito da inveja e se percebiam alguma sensação, algum sentimento quando eram invejados, quase não houve retorno. Nossa intenção era apenas abrir espaço para uma reflexão, mas percebemos que falar de inveja causa nas pessoas um sentimento de total exposição de aspectos que ninguém deseja exteriorizar, como se a inveja fosse apenas mesquinharia e motivo de vergonha.

Jung (2014) fala da necessidade de compartilharmos nossas vivências com alguém como forma de tomar consciência e percepção de como essas vivências geram sentimentos em nós mesmos. Da mesma forma, entendemos também que a inveja deva encontrar um "lugar" de expressão para poder permitir a conscientização dos sentimentos a ela vinculados e, então, possibilitar a transformação. De acordo com Jung (2014?), "muitas vezes percebemos que, quando esses sentimentos não se tornam conscientes, coisas em nós estagnam, podendo desdobrar-se a partir dos mais estranhos efeitos, incompreensíveis para nós" (2014, p. 14). Na compreensão da inveja, essa estagnação tem relação com o sentimento de paralisação que ela gera na pessoa desconectada de seu significado. É preciso consciência, já dizia Jung.

Em relação à inveja, qual o caminho?

Quando Psiquê toma consciência da inveja de suas irmãs em relação a si mesma, é que consegue ir em direção aos seus desejos e de seu caminho interno. Quando as irmãs morrem simboliza que Psiquê se transformou e assimilou a emoção da inveja e permitiu que a energia bloqueadora da vida fluísse.

Se pensarmos em Branca de Neve, temos a referência de ela se deixar levar pela ingenuidade e não assumir para si mesma os riscos da vida e as forças sombrias de si e do outro. Acaba vitimizando-se. Projeta a sua segurança nos anões e não se apropria de seus recursos de sobrevivência. No polo invejado, também é preciso conscientizar-se da ação da inveja e buscar em si mesma recursos protetores, para não ficar apenas no lugar de vítima.

A realidade cultural e social de hoje privilegia a aparência e o consumo agressivo. A identidade fica muitas vezes associada àquilo que se possui e se conquista e menos em relação ao que se é, aos valores internos. Concordamos com Verena Kast (2016) quando ela diz da necessidade de a identidade ser externamente visível, mas que precisa acrescentar à dimensão experiencial uma percepção interior. Percebemos ao longo deste estudo que a necessidade de pertencimento social, atualmente, passa por uma identidade muito voltada para conquistas materiais, conquistas de corpos perfeitos, casas ideais, carros últimos modelo. Esse pertencer exclusivamente para "fora" parece contribuir para um lugar de "desidentidade" em cada indivíduo. A identidade fica atrelada a uma *persona* perfeita. Como no filme *Amor por Contrato* a vida torna-se mera aquisição de bens e vai perdendo o significado. O casal perde o sentido da união. Esse esvaziamento acentua a atuação da inveja. A inveja é uma maneira sombria de conectar os interesses e desejos inconscientes. Talvez fique mais intensa e manifesta devido à situação que nos encontramos hoje: de falta de tempo para transformar vivências em experiências, como tão brilhantemente destaca Kast (2016).

Percebemos que uma grande ferida atual passa pelo arquétipo da Grande Mãe, ativado na polaridade mãe terrível, onde amparo, acolhimento, contenção ficam ausentes e cedem lugar ao desamparo e ao grande vazio. A inveja parece ser sentida intensamente na vida quando não há lugar para reconhecer e validar os caminhos percorridos, de cada pessoa. Esse vazio intenso é vivenciado na relação com a inveja como desesperador. Contudo, é no vazio, no ócio que podemos gerar potencial transformador. Se pudermos enfrentar o sentimento desesperador do vazio profundo gerado pela inveja encontraremos fertilizante para o potencial transformador.

A inveja aponta para a transformação, se tomarmos consciência e se soubermos nos apropriar desse sentimento sem entrar na competição com o outro.

O desamparo leva à sensação de invisibilidade, ao sentimento de vazio. Sendo assim, conectar-se com a inveja em toda sua aridez e esvaziamento é a possibilidade de permitir a movimentação da energia psíquica, a partir da ativação de elementos sombrios e elementos que o indivíduo ainda desconhece em si, mas reconhece no outro. A aridez de Psiquê ao entrar em contato com a inveja destrutiva das irmãs e a partir de então encontrar as oportunidades de seu desenvolvimento, parece ser uma direção. Amparar essa possibilidade de encontro é que parece ser o caminho para o analista também utilizar o sentimento profundo da inveja no consultório.

Acolher a inveja e reconhecê-la é aceitar a possibilidade criativa que ela pode suscitar, de forma a promover a transformação e não ficar apenas em uma fotografia da situação faltante. Olhar o copo todo, incluindo a parte vazia, como a busca pelos caminhos possíveis para se chegar ao copo cheio.

Pensamos que a inveja é realmente uma emoção sombria, pouco validada pela sociedade e pouco nomeada no espaço analítico. Mas seu reconhecimento possibilita o enfrentamento do vazio psíquico constelado e as possibilidades criativas de preenchimento, desvinculando-se da culpa e da vergonha.

Esse olhar a que nos propomos sobre a inveja sinaliza para uma ampliação maior e necessária no mundo contemporâneo, na medida em que mostra uma "saída" para a relação com ela.

O momento atual é de ausência de referências de valores, de segurança econômica, profissional em decorrência da instabilidade desses tempos. Parece que validar características do arquétipo materno – amparar, acolher, preencher – de forma mais ampla pode ajudar a fornecer bases para as crianças conseguirem perceber que as diferenças sempre farão parte da vida e a inveja é sentimento necessário para nosso crescimento. Poder se falar sobre o invejante desejo de se ter o que o outro tem vai além do Pecado Capital e poder acolher esse sentimento em família é muito positivo para o desenvolvimento psíquico. A saída que vemos para os tempos modernos é a valorização das qualidades psíquicas de cada pessoa, num aspecto que procura reforçar a construção da autoestima.

Plagiando Kast (2016), quando assumimos uma postura empática com nós mesmos, as percepções e significados ganham espaço e a vida pode ser preenchida com alma. É preciso tempo, como ela nos alerta. Tempo de introspecção para se conseguir resgatar o que é essencial em cada um através do preenchimento desse esvaziamento atual.

# REFERÊNCIAS BIBLIOGRÁFICAS

*AMOR POR CONTRATO*. Direção Derrick Borte. Demi Moore, David Duchovny e Amber Heard. Gênero comédia/drama. EUA, 2009.

ANTUNES, A.; LIMINHA. *Inveja*. 2009, Álbum Iê, Iê, Iê. Gravadora Rosa Celeste.

ARISTOTELES. *Retórica*. Imprensa Nacional Casa da Moeda, 1998.

BARCELLOS, G. *Psique e Imagem*. Petrópolis, RJ: Vozes, 2012.

BAUMAN, Z. *Vida Líquida*. Rio de Janeiro: Zahar, 2007.

BYINGTON, C. A — *A Psicologia da Inveja e Sua Função no Processo Criativo: Um Estudo de Psicologia Simbólica. Junguiana*, v.3. p 81-120, 1985.

______. *Inveja Criativa* — o resgate de uma força transformadora da civilização. São Paulo: Religare, 2002.

CARAVAGGIO. *Górgona*. In www.google.com.br/banco de imagens acesso em 02/07/2016.

CHEVALIER; GHERBRANT. *Dicionário de Símbolos*. Nova Fronteira. 1999.

CORREIA, Raimundo. Poesias completas. Org. pref. e notas Múcio Leão. São Paulo: Ed. Nacional, 1948. v.1, p.16, In https://www.escritas.org/pt/t/12347/mal-secreto. Acesso em 20/01/2021.

CRUSIUS, J.; MUSSWEILER, T. When people want what others have: the impulsive slide of enviors desire In *Emotion* vol.12. nº 1 p.142-153. Fev. 2012.

______. Inveja: quem está livre dela? In *Revista Mente e cérebro* nº255, ano XX, abril de 2014.

EPSTEIN, J. *Inveja.* São Paulo: Arx, 2004.

GARCIA, A.C.F. Da relação pai-filha à profissional mulher. Um estudo qualitativo com mulheres adultas jovens, numa abordagem junguiana. Mestrado em Psicologia Clínica pelo Núcleo de Estudos Junguianos da Pontifícia Universidade Católica de São Paulo: 2006.

GIOTTO. *Inveja***.** In http://www.agendawhite.com. Acesso em 05/08/2016.

GIRARD, R. *Shakespeare***:** Teatro da inveja. São Paulo: É realizações, 2010.

HAN, B-C. *Sociedade da transparência.* Petrópolis, RJ.: Vozes, 2017.

HOUAISS, A. *Dicionário da língua portuguesa.* Rio de Janeiro: Objetiva, 2009.

JACOBI, J. Complexos, arquétipos e símbolos. São Paulo: Cultrix, 1957.

JACOBY, M. *Shame and the origins of self-esteem.* New York, 1994.

JANKOWSKI, K; TAKAHASHI, H. Neural basis of envy and schadenfreude In *Psychiatry Clin Neurosci.* 2014 May; 68(5): 319-36. doi: 10.1111/pcn.12182.

JUNG, C.G. O retorno da alma In *A Prática da Psicoterapia***.** CW XVI, São Paulo: Vozes, 1988.

______. *Eu e inconsciente.* CW7, Petrópolis: Vozes, 1991.

______. *Sobre Sentimentos e sombras.* Petrópolis: Vozes, 2014.

______. Os arquétipos e o inconsciente coletivo, Petrópolis: Vozes, 2014.

KARNAL, L. *A inveja é a sobre a felicidade alheia.* Palestra proferida no café filosófico CPFL, 2014.a.

______. O pecado envergonhado In *Pecar e perdoar:* Deus e o homem na história. Rio de Janeiro: HarperCollins Brasil, 2014b.

KAST, V. *La migliore amiga:* l'amicizia tra donne: una nuova cultura della relazione. Como: Red edizioni,1994.

______. *Pais e filhas mães e filhos.* São Paulo: Loyola, 1997.

______. *Dinâmica dos Símbolos*: Fundamentos da psicoterapia junguiana. Petrópolis, RJ: Vozes, 2013.

______. *A alma precisa de tempo.* Petrópolis, RJ: Vozes, 2016.

KILBORNE, B. The evil eye, envy and shame: on emotions and explanation In WURMSER, L.; JARAS, H. *Jealousy and envy:* new views about two powerful feelings. New York: Routledge, 2008.

KLEIN, M *Inveja e gratidão* e outros trabalhos (1946-1963). Rio de Janeiro: Imago, 1991 http://www.psicologadrumond.files.wordpress.com acesso em 10/06/216.

LA FONTAINE, J. *Fábulas.* São Paulo: Landy Editora, 2003.

LEE, R. *Deus me proteja*. 2012 Som Livre.

LOPEZ-PEDRAZA, R.*Sobre Eros e Psiquê.* Petrópolis, RJ: Vozes, 2010.

______. *Emoções.* Petrópolis, RJ: Vozes, 2011.

MORRISON, A.; LANSKY, M. Shame and envy In WURMSER, L.; JARAS, H. *Jealousy and envy:* new views about two powerful feelings. New York: Routledge, 2008.

NEUMANN, E. *A Grande Mãe:* um estudo fenomenológico da constituição feminina do inconsciente. São Paulo: Cultrix, 2006.

SENHORA DO Ó OU DA EXPECTAÇÃO. - imagem do séc. XIV. Museu de Arte Antiga, Lisboa In www.bancodeimagens.com.br acesso em 02/07/2016.

STEIN, M *Jung: O Mapa da Alma.* São Paulo: Cultrix, 2001.

VENTURA, Z. *Inveja: Mal Secreto.* Rio de Janeiro: Editora Objetiva, 1998.

VILA, M.; CATIMBA, Z. *Cuidado com a inveja.* Álbum Jeito Moleque. Gravada por Zeca Pagodinho. Gravadora: BMG, 1988.

WAHBA, L. *Amor e poder: ciúme e a inveja nas instituições.* Anales del V Congresso Latinoamericano de Psicologia Junguiana. 2009.

WHITMONT, E. *A Busca do Símbolo.* São Paulo: Cultrix, 1994.

SATTVA EDITORA

contato@sattvaeditora.com.br
www.sattvaeditora.com.br